AU CLAIR DE LA LUNE

HISTORIETTE EN UN ACTE

A l'usage

DES COLLÉGES, PETITS-SÉMINAIRES, SOCIÉTÉS
DE PERSÉVÉRANCE, ETC.;

PAR

M. l'Abbé L......

Professeur de Belles-Lettres.

PRIX : 75 CENTIMES.

BORDEAUX

P. CHAUMAS, LIBRAIRE-ÉDITEUR

Fossés du Chapeau-Rouge, 34.

1858

AU CLAIR DE LA LUNE

HISTORIETTE EN UN ACTE

A l'usage

DES COLLÉGES, PETITS-SÉMINAIRES, SOCIÉTÉS
DE PERSÉVÉRANCE, ETC.;

PAR

M. l'Abbé L...... (Lebordin)

Professeur de Belles-Lettres.

BORDEAUX

P. CHAUMAS, LIBRAIRE-ÉDITEUR

Fossés du Chapeau-Rouge, 34.

1858

PERSONNAGES.

LE DUC DE MONTPENSIER.
CRÊPON, pâtissier.
JANRAD, écrivain public.
GIOVANNI LULLI.
LÉPINE, valet.
Voisins, etc.

La scène est à Paris.

Cette charmante nouvelle fut publiée, il y a une vingtaine d'années, par le *Journal des Enfants*. Nous n'avons guère fait que la mettre en drame.

Bordeaux. — Imprimerie de J. DELMAS, rue Sainte-Catherine, n. 139.

AU CLAIR DE LA LUNE

HISTORIETTE EN UN ACTE.

Une place publique où aboutissent plusieurs rues. D'un côté, la boutique de Crêpon avec un étalage vide ; de l'autre, l'échoppe de Janrad, écrivain public.

SCÈNE PREMIÈRE.

CRÊPON, assis, LÉPINE, arrivant avec un paquet.

LÉPINE.
L'écrivain public, monsieur, s'il vous plaît ?

CRÊPON.
Sa maison est en face ;
Frappez un coup, de grâce,
Vous le verrez venir,
Tout prêt à vous servir.

LÉPINE, après avoir frappé.
Personne ne répond.

CRÊPON.
Eh bien ! je conclus, dans ce cas,
Que l'ami Janrad n'y est pas ;
Attendu que s'il répondait
Assurément il y serait.

LÉPINE, à part.

Voilà un homme qui parle tout drôlement. Pourtant, je crois qu'il a raison. (Haut.) Reviendra-t-il bientôt ?

CRÊPON.

Vous me demandez, mon compère,
Quand mon voisin Pierre Janrad
Dans son échoppe rentrera,
Quand rentrera mon voisin Pierre....

LÉPINE.

Oui, monsieur.

CRÊPON.

Qui peut savoir ces choses-là ?
Pourtant, je vous le dis, compère,
Mon voisin Pierre rentrera,
Quand mon voisin Pierre Janrad
Rentrera chez mon voisin Pierre.

LÉPINE, à part.

Quel baragouin ! Est-ce qu'il se moque de moi ?... Non ; il a trop bonne mine.... Il est tout simplement fou, ou peu s'en faut. (Haut.) J'aurais besoin de lui parler.

CRÊPON.

Lui parler, et pourquoi ?
Voyons, dites-le moi.

LÉPINE.

Voici. J'ai longtemps été cuisinier dans les premières maisons de Pézenas, qu'est mon pays, d'où je suis né natif. Fatigué de respirer l'air de Pézenas, je suis venu goûter de celui de Paris, qui sera peut-être plus favorable à ma santé et à ma bourse. J'ai dessein d'entrer dans les cuisines du maréchal de Villeroi ; mais pour solliciter cette dignité, il me faut un placet, où se trouvent écrits mes nom, prénoms, titres et qualités.

CRÊPON.
Sans autre préliminaire,
Je comprends votre affaire.

LÉPINE.
Ce placet, monsieur, je suis incapable de le rédiger, attendu qu'en fait de littérature, je ne connais guère que la soupe aux choux, l'omelette au lard, les sauces et les pâtés. Vous comprenez que tout cela ne peut pas m'être d'un grand secours dans la circonstance présente.

CRÊPON.
Je le comprends fort bien,
Achevez votre entretien.

LÉPINE.
Eh bien ! c'est fini.

CRÊPON.
Le ciel en soit béni.

LÉPINE.
Oui, mais tout cela ne m'arrange pas.

CRÊPON.
A vous parler sans nul mystère,
Mon cher ami, bientôt j'espère
Pouvoir, dans ce fâcheux cas,
Vous tirer d'embarras.

LÉPINE.
Je le désire.

CRÉPON.

Je ferai votre placet.

Votre nom, s'il vous plaît?

LÉPINE.

Dominique Lépine, âgé de vingt-deux ans, ancien cuisinier de M. le comte Philostorge d'Albicrac.

CRÊPON.

Nous allons commencer sur l'heure;
Mais, à présent, je n'ai dans ma demeure
Que ma plume et mon encrier.
Les rats ont mangé mon papier.

LÉPINE.

S'il ne vous faut que du papier, en voici. Je l'ai acheté tout exprès. (Il le tire de son sac.)

CRÊPON.

J'accepte de grand cœur ce signalé service,
Et je vais à mon tour vous rendre un bon office.

SCÈNE II.

LÉPINE.

Quelle drôle de langue!... C'est à ne rien y comprendre. On m'avait bien dit, en partant de Pézenas, qu'à Paris on ne parlait pas comme ailleurs. Voilà comme on s'instruit en voyageant...; mais notre homme sort de sa boutique. Est-ce qu'il aurait déjà terminé? Peste! il n'y va pas de main morte.

SCÈNE III.

CRÊPON, LÉPINE.

CRÊPON.

Voici votre placet.
Écoutez, s'il vous plait.

LÉPINE.

J'écoute, monsieur.

CRÊPON, lisant.

Dominique de Lépine,
Sachant faire la cuisine,
Brosser, cirer, *et cœtera*,
A servi treize semaines
Monseigneur le duc du Maine,
Puis des marquis par douzaines,
Un danseur de l'Opéra,
Deux juges à la grand'chambre,
De l'Académie un membre,
Un évêque, un amiral,
Toutes personnes fort honnêtes
Et toutes fort satisfaites
De ses talents en général.

LÉPINE.

Mais, monsieur, je n'ai jamais connu tout ce monde-là.

CRÊPON.

Et qu'importe, mon cher, que vous l'ayez connu ?
Si ces noms sont ici, la rime l'a voulu.

LÉPINE.

Il n'y a ni rime ni rame qui tienne ! Je ne suis pas de Lépine, mais Lépine tout court. Je viens de chez le comte d'Albicrac. Je n'ai jamais servi ni d'évêque, ni d'amiral, ni de danseur; et je ne prétends pas....

CRÊPON.

Jeune provincial, on le voit, de la muse
Vous ignorez encor les écarts et... la ruse.

LÉPINE.

Mais, monsieur, il n'est pas permis de mentir de la sorte.

CRÊPON.

Le mensonge est permis dans cette circonstance.
En langue poétique il s'appelle licence.

LÉPINE.

Ah ! c'est différent.

CRÊPON.

Au noble maréchal présentez ce placet ;
Bientôt vous obtiendrez un triomphe complet.

LÉPINE.

Je le souhaite.... Combien vous dois-je ?

CRÊPON.

Rien.
Je rime pour la gloire, et je m'en trouve bien.

LÉPINE.

Alors je vous remercie.... Vous êtes pâtissier, ce me semble ?

CRÉPON.

Je fais des tartes, des galettes,
Des pâtés chauds, des pâtés froids,
Des tourtes, vrai manger de rois,
Des croquets et des tartelettes.
J'ai des massepains excellents,
Des échaudés, bons pour les dents,
Des biscuits tout sucre et tout crême
Et des gâteaux que chacun aime.
Entrez, mangez; je suis Crêpon,
Pâtissier du roi de Japon.

LÉPINE, à part.

Du roi de Japon!... Peste!... mais il n'a plus rien sur son étalage, et sa boutique me semble aussi misérable que possible.... Peut-être que le roi de Japon a tout mangé; on dit qu'il est vorace à l'excès.... (Haut.) Monsieur, je n'ai pas le temps de m'arrêter.... Je vous remercie bien de votre complaisance.

CRÊPON.

Monsieur, je vous fais sans façon
Mon compliment, foi de Crêpon.

LÉPINE, se retirant.

Je n'aurais jamais cru qu'on parlât de la sorte à Paris. Si le maréchal de Villeroi me tient un pareil langage, j'enverrai promener sa cuisine et ses fourneaux.

SCÈNE IV.

CRÈPON, JANRAD.

JANRAD.

Eh bien ! encore une pratique que je vois sortir de chez vous.

CRÊPON.

>Un empereur de grande renommée,
>Disait jadis, sachez le bien :
>Amis, j'ai perdu ma journée,
>Car je n'ai pu faire aucun bien.
>Et moi, Janrad, si d'aventure,
>Je ne puis faire de placet,
>Je suis tout en.... déconfiture,
>Et mon cœur n'est pas satisfait.

JANRAD.

En *déconfiture !* autrefois vous y étiez ; mais, depuis longtemps, je ne vois plus rien sur vos misérables planches. La fureur de rimailler vous a réduit à la misère ; et vous le méritez bien. Au lieu de surveiller vos garçons et de faire vous-même la vente, vous vous amusiez à fabriquer des vers. Si vous vouliez préparer la fournée, au lieu de dire : Vous allumerez le four à huit heures, à neuf heures et demie, à dix heures trente-cinq minutes, vous disiez :

>Vous allumerez le four,
>Quand il ne fera plus jour.

Plaisante manière d'avoir des gâteaux levés et cuits à point.

CRÊPON.

Un homme n'est jamais malheureux, s'il estime
Qu'un bon pâté vaut moins qu'une excellente rime.

JANRAD.

Oui, une rime vous remplit bien le gousset.

CRÊPON.

Malgré ma pauvreté, je rimerai toujours ;
Les vers, jusqu'à la mort, seront mes seuls amours ;
Et même je consens qu'on m'accuse d'un crime
Si jamais, en parlant, je manque d'une rime.

JANRAD.

Eh bien ! vous pourrez rimer à votre aise ; vos pratiques ne viendront plus vous inquiéter.... Si encore vous m'aviez laissé les miennes !... Mais non ; vous vous êtes mis dans la tête d'écrire pour rien, et nous n'avons plus qu'à prendre tous deux le chemin de l'hôpital. On sait que Pégase y porte ordinairement les poètes ; mais un écrivain public tient à vieillir chez soi.

CRÊPON.

Janrad, mon cher Janrad, bien à tort tu te fâches.
Calme un peu la fureur qui dresse tes moustaches.
Si ma muse jadis t'a porté quelque tort,
Les temps sont bien changés. Je te dirai d'abord
Qu'en foule les clients désertent mon échoppe.
Je n'ai, pour me couvrir, plus que cette... enveloppe.
Il ne me reste plus ni crayon ni papier ;
Je n'ai que cette plume et ce vieil encrier :

Cet ami, qui vieillit auprès de ma personne,
Si tu veux l'accepter, Janrad, je te le donne.

JANRAD.

Votre encrier !... que voulez-vous que j'en fasse ?

CRÊPON.

Sur ton pupitre il pourra trouver place.
Janrad, mon cher Janrad, accepte-le de grâce.

JANRAD.

Non, je veux vous l'acheter. (Il le prend.) Je vous en donne trois sous. C'est dix fois trop payé; mais c'est égal. Vous les aurez demain. (A part.) Puisque je tiens son encrier, il ne pourra plus écrire, et je n'aurai pas à craindre sa concurrence. (Haut.) Vous auriez bien fait, monsieur Crêpon, de continuer à nous faire de la pâtisserie.

CRÊPON.

J'en ferais volontiers encore,
Car ce désir me presse et me dévore ;
Et je prétends, soyez-en bien certain,
    Commencer dès demain.
Il me manque des œufs, du sucre, des farines,
Des citrons, du café, des substances... salines.
Si je puis réussir à me les procurer,
Dès demain, cher Janrad, je deviens pâtissier.

JANRAD.

Je crois que ce sera difficile.

CRÊPON.

Ah ! pâtissier, c'est un si noble état !
On se voit recherché par plus d'un potentat.

JANRAD.

Reprenez-le donc tout de suite, et faites-nous des pâtés et des brioches plus succulents que ceux que nous trouvons dans vos écritures.

CRÊPON.

Janrad, tu fus toujours moqueur ;
Je te pardonne de bon cœur.

JANRAD

Bonsoir.

CRÊPON.

Au revoir.

SCÈNE V.

CRÊPON.

Déjà la nuit sur nous étend ses voiles ;
La lune brille au milieu des étoiles ;
Sans nul retard, il faut nous occuper
A préparer notre souper.
Mais bien en vain je me creuse la tête ;
Je n'ai plus rien à mettre sous la dent ;
Je vais souper par cœur assurément,
Et c'est une fort maigre fête.
  Petit à petit,
  Gagnons notre lit,
Et dormons d'un sommeil tranquille,
  Pendant que la nuit
  Règnera sur la ville.
J'aime fort le propos de ce roi de Médine,
Lequel étant à jeûn et n'ayant pas le sou,
Disait, en s'enfonçant dans son lit jusqu'au cou :
Quand on a faim, il faut se coucher : qui dort dîne.

On entend, dans la coulisse, le son d'un violon.

SCÈNE VI.

CRÊPON, LULLI.

LULLI, chantant.

O cara armonia
O dolce piacer (1).

(Il s'interrompt en voyant Crépon.)

Mossiou lo scrivano poublic; mossiou Crepone?

CRÊPON.

Que voulez-vous, mon jeune ami?
Quel motif vous amène ici?

LULLI.

Conoscete vô il signor Crepone? oun grand poèta.

CRÊPON, à part.

Poète! ah! ce doux nom qui frappe mon oreille,
D'un plaisir inconnu me charme et me... réveille.

LULLI.

Lo conoscete vô?

CRÊPON.

Oui, je connais ce Crêpon,
Pâtissier du roi de Japon.

LULLI.

No, no patissiere, ma poèta, poèta.

CRÊPON, à part.

O gloire! tes rayons viennent frapper mon cœur.
Je nage dans des flots de joie et de bonheur.

(1) Mozart, la *Flûte enchantée*.

LULLI.

Ma respondete dunque.

CRÊPON.

Oui, je connais fort Crêpon....
Poète du roi de Japon.

LULLI.

Où demeure-t-il?

CRÊPON.

Il demeure ici même,
Et sa joie est extrême,
En rencontrant
Un si charmant enfant.

LULLI.

Vô être il signor Crepone?

CRÊPON.

En vain je voudrais le nier;
Vous avez su le deviner.

LULLI.

Per Bacco! mossiou Crepone, ze souis ensanté de vô conoscere. Ze vourais qué vô mé fariez oun petit billéte per presentar à la madama Montpensier.

CRÊPON.

Enfant, veuillez bien m'excuser,
Vous me paraissez étranger.

LULLI.

Ze m'appelle Giovanni Lulli. Ze souis Italiano et employé dans les couisines de la madama Montpensier. Ma le mestiere de marmitone non mi conviene; ze veux être mousiciano, mousiciano; l'intendete bene?

CRÉPON.

Oui, je vous comprends fort bien :
Vous voulez être musicien.

LULLI.

Si, si, si. Ze veux être célèbre dans la mousica comme vô dans la poésia; ze veux être oun grand ouomo.

CRÉPON.

Eh bien ! dites donc, entre nous,
Ce que je puis faire pour vous.

LULLI.

Ze vourais présentar oun placet à la madama Montpensier, per loui demandar la soua protezione et un maestro qué mi ensegna le *re, mi, fa, sol.*

CRÉPON.

Hélas ! mon petit étranger,
Je n'ai ni plume ni papier,
Ni quoique ce soit pour vous faire
Votre requête épistolaire;
Mais peut-être bien que Janrad
Plume et papier me prêtera.

LULLI.

Où demoure-t-il ce Zanrad ?

CRÉPON.

Il demeure en face,
Attendez, de grâce,
Ayez bon espoir,
Au revoir.

(Il frappe à la porte de Janrad.)

— 17 —

Voisin Janrad.... Voisin Pierre.... Voisin Pierrot!...
Oh! oh!...
Un bruit frappe mon oreille;
Je l'entends qui se réveille;
Il se lève.... Ah! cher Pierrot
Je vais te revoir bientôt.

SCÈNE VII.

LES MÊMES, JANRAD, à une lucarne.

JONRAD.

Qu'est-ce donc?... encore vous?... Vous ne pouvez pas laisser les gens en repos.... Voyons, que voulez-vous?

CRÊPON.

Je voudrais, si cela te plaît,
Écrire un illustre placet.
Le vent a soufflé tout à l'heure
Ma chandelle dans ma demeure;
Je n'ai pu trouver, crois-le bien,
Ni plume, ni feu, ni rien.

JANRAD.

Je le crois bien aussi.... Laissez-moi dormir en repos et allez vous promener.

CRÊPON.

Ma foi, je ne m'attendais pas,
Je l'avoue, à ce fâcheux cas.

(Avec solennité.)

Au clair de la lune,
Mon ami Pierrot,
Prête-moi ta plume
Pour écrire un mot.

Ma chandelle est morte,
Je n'ai plus de feu ;
Ouvre moi ta porte
Pour l'amour de Dieu.

JANRAD.

Je n'ouvre pas ma porte
A un pâtissier,
Qui la lune porte
Dans son tablier.

CRÊPON, déployant son tablier où se trouve un trou rond.

Que veut-il dire enfin ce rimeur singulier...,
Que je porte la lune au fond de mon tablier ?

LULLI.

Ricomminciate la canzone, mossiou.

CRÊPON.

Quelle chanson ?
Dites-le sans façon.

LULLI.

Al clar de la louna.

(Crêpon répète la strophe avec lenteur. Lulli adapte l'air connu en le suivant vers par vers et en s'accompagnant de son violon.)

JANRAD.

Voulez-vous les autres paroles ?

LULLI.

Qué otré parolé ?

JANRAD.

Je n'ouvre pas ma porte....

LULLI.

No, no, al clar de la louna....

(Il reprend l'air. Les voisins, qui se sont groupés sur la place, le chantent avec lui.)

SCÈNE VIII.

LES MÊMES, LE DUC DE MONTPENSIER.

LE DUC.

Vous voilà, petit mauvais sujet. C'est ainsi que vous désertez la cuisine.

LULLI.

Monsignore, zai voulou far la connaissance del poèta Crepone. Loui fara les versi et io faro la mousica.

LE DUC.

Vous devriez plutôt songer à aller tourner la broche.

LULLI.

Monsignore, ascoltate. (Il chante l'air en entier.)

LE DUC.

En vérité, il y a chez cet enfant un talent extraordinaire. (A Lulli.) Vous voulez donc être musicien ?

LULLI.

Si, monsignore. Et ze santerai toutté lé vostré bellé azioni.

LE DUC.

Eh bien ! vous le serez.

LULLI.

Merci, monsignore! (Il lui baise la main.) Zai une grâce à vô demander per il poèta Crepone. Que venga en vostro palazzo; sara il vostro improvisatore.

LE DUC.

Mon improvisateur.... Je le veux bien. Voulez-vous me suivre, monsieur?

CRÉPON.

O monseigneur, je ne puis refuser
Ce que vous voulez bien ici me proposer.
Je vous suivrai jusques au bout du monde,
A travers les déserts de la terre... et de l'onde.

JANRAD, à sa fenêtre.

Et moi, monseigneur, ne puis-je pas vous suivre, pour tenir vos écritures.

LULLI, à Janrad.

No, no; vô être oun fripone, oun birbante, oun ouomo senza couore; restate al clar de la louna, et se vô avoir fame, attrapate la colle denti.

(Tous reprennent AU CLAIR DE LA LUNE.)

FIN.

A LA MÊME LIBRAIRIE

Recueil de pièces pour les distributions de prix :

DÉLASSEMENTS DRAMATIQUES, à l'usage des colléges, des petits-séminaires, etc.; par M. l'abbé Lebardin, professeur de belles-lettres; 1 fort vol. in-12, broché. . . . . . 4 »

On vend séparément :

Les Jeunes Captifs, drame en trois actes.	»	75
Le Retour des Colonies, comédie en deux actes. .	»	75
Les Touristes, ou Bien mal acquis ne profite pas, comédie en trois actes.	»	75
L'Expiation, drame en trois actes.	»	75
Une Veille de distribution des Prix, ou Qui trop embrasse mal étreint, drame en deux actes. . . .	»	75
Le Départ pour la Californie, drame en 3 actes.	»	75

Ouvrages récents du même auteur :

NOUVEAU THÉATRE DE LA JEUNESSE, choix de drames moraux; 1 vol. in-12, broché. . . . . 4 »

On vend séparément :

Olivier de Clisson, drame en trois actes.	»	90
La Réforme au Collége, drame en un acte.	»	75
Joseph, ou le Serviteur fidèle, drame en deux actes. .	»	90
François Carrare, drame en trois actes.	»	90
Au Clair de la Lune, historiette en un acte. . . .	»	75

EXTRAIT DU CATALOGUE DES LIVRES DE FONDS.

Cours d'Exercices sur la Grammaire latine de Lhomond, par Mostolat; 1 vol. in-12, 2e édition, 1856. . . . . 2 25

Grammaire (nouvelle) de la langue espagnole, à l'usage des Français, par Borraz (autorisée par le conseil de l'instruction publique); un vol. in-8°, 4e édition, 1856. . . . . . 4 »

Cours de Thèmes français-espagnols, par Borraz (autorisé par le conseil de l'instruction publique); in-8°. . . . . . 3 »

Guide (nouveau) de Conversation espagnole et française, 1 vol. in-18. 1 »

Bordeaux.— Imp. de J. Delmas, rue Ste-Catherine, 139.

www.ingramcontent.com/pod-product-compliance
Lightning Source LLC
Chambersburg PA
CBHW060610050426
42451CB00011B/2175